I0115272

LETTRE

DE MONSIEUR

DE VOLTAIRE,

A MONSIEUR

ELIE DE BEAUMONT,

AVOCAT AU PARLEMENT,

Du 20. Mars 1767,

27
Ln 19029

LETTRE

DE MONSIEUR DE VOLTAIRE

A Mr. ELIE DE BEAUMONT,

AVOCAT AU PARLEMENT,

Du 20 Mars 1767.

VOtre mémoire, Monfieur, en faveur des Sirven a touché & convaincu tous les lecteurs & fera fans doute le même effet fur les Juges. La confultation fignée de dix-neuf célébres Avocats de Paris, a paru auffi décifive en faveur de cette famille innocente que refpectueufe pour le Parlement de Touloufe.

Vous m'apprenés qu'aucun des Avocats confultés n'a voulu recevoir l'argent configné entre vos mains pour leur honoraire. Leur défintéreffement & le votre font dignes de l'illuftre profeffion dont le miniftère eft de défendre l'innocence opprimée,

A 2   C'eft

C'est pour la seconde fois, Monsieur, que vous vengez la nature & la Nation. Ce serait un opprobre trop affreux pour l'une & pour l'autre, si tant d'accusations de parricides avaient le moindre fondement. Vous avés démontré que le jugement rendu contre les Sirven est encor plus irrégulier que celui qui a fait périr le vertueux Calas sur la roue & dans les flammes.

Je vous enverrai le Sr. Sirven & ses Filles quand il en sera temps ; mais je vous avertis que vous ne trouverez peut-être point dans ce malheureux père de famille la même présence d'esprit, la meme force, les mêmes ressources qu'on admirait dans madame Calas. Cinq ans de misère & d'opprobre l'ont plongé dans un accablement qui ne lui permettrait pas de s'expliquer devant ses Juges : j'ai eu beaucoup de peine à calmer son désespoir dans les longueurs & dans les difficultés que nous avons essuyées pour faire venir de Languedoc le peu de piéces que je vous ai envoyées, lesquelles mettent dans un si grand jour la démence & l'iniquité du juge subalterne qui l'a

con-

condamné à la mort ; & qui lui a ravi toute sa fortune. Aucun de ses parents, encor moins ceux qu'on appelle amis ; n'osait lui écrire, tant le fanatisme & l'effroi s'étaient emparés de tous les esprits.

Sa femme condamnée avec lui , femme respectable, qui est morte de douleur en venant chez moi ; L'une de ses filles prête de succomber au désespoir pendant cinq ans, un petit fils né au milieu des glaces & infirme depuis sa malheureuse naissance, tout cela déchire encor le cœur du père & affaiblit un peu sa tête. Il ne fait que pleurer : mais vos raisons & ses larmes toucheront egalement ses juges.

Je dois vous avertir de la seule méprise que j'aye trouvée dans votre mémoire. Elle n'altére en rien la bonté de la cause. Vous faites dire au Sieur Sirven que Berne, & Genêve l'ont pensionné. Berne, il est vrai a donné au père, a la mère, & aux deux filles sept livres dix sols par tête chaque mois, & veut bien continuer cette aumône pour

le

le temps de fon voyage à Paris ; mais Genêve n'a rien donné.

Vous avez cité l'Impératrice de Ruffie, le Roi de Pologne ; le Roi de Pruffe qui ont fecouru cette famille fi vertueufe, & fi perfecutée. Vous ne pouviés favoir alors que le Roi de Dannemarc, le Landgrave de Heffe, Madame la Ducheffe de Saxe Gotha, Madame la Princeffe de Naffau Saarbruck, Madame la Margrave de Bade, Madame la Princeffe de Darmftadt, tous également fenfibles à la vertu & à l'oppreffion des Sirven, s'empréfférent de répandre fur eux leurs bienfaits. Le Roi de Pruffe qui fut informé le premier, fe hâta de m'envoyer cent écus avec l'offre de recevoir la famille dans fes états & d'avoir foin d'elle.

Le Roi de Dannemarc fans même être folicité par moi, a daigné m'écrire & à fait un don confidérable. L'Impératrice de Ruffie a eu la même bonté & a fignalé cette générofité qui étonne & qui lui eft fi ordinaire; elle accompagna fon bienfait de ces mots énergiques écrits de fa main, *malheur aux perfécuteurs*.

Le

Le Roi de Pologne, fur un mot que lui dit Madame de Geoffrin qui était alors à Varfovie, fit un préfent digne de lui ; & Madame de Geoffrin a donné l'exemple aux Français en fuivant celui du Roi de Pologne. c'eft ainfi que Madame la Duchesse d'Anville, lorfqu'elle était à Genêve fut la premiére a réparer le malheur des Calas. Née d'un Père & d'un ayeul illuftre pour avoir fait du bien (la plus belle des illuftrations) elle n'a jamais manqué une occafion de protéger & de foulager les infortunés avec autant de grandeur d'ame que de difcernement. c'eft ce qui a toujours diftingué fa maifon, & je vous avoue, Monfieur, que je voudrais pouvoir faire paffer jufqu'à la derniére poftérité les hommages dus à cette bienfaifance qui n'a jamais' été l'effet de la faibleffe.

Il eft vrai qu'elle fut bien fecondée par les premieres perfonnes du royaume, par de généreux citoyens, par un miniftre à qui on n'a pu reprocher encor que la prodigalité en bienfaits, enfin, par le ROY lui même qui a mis le comble à la réparation que la nation & le trône

dedévaient au fang innocent;

La juftice rendue fous vos aufpices à cette famille, a fait plus d'honneur à la France que le fuplice de Calas ne nous a fait de honte.

Si la deftinée m'a placé dans des deferts où la famille des Sirven & les fils de madame Calas cherchérent un azile, fi leur pleurs & leur Innocence fi reconnue m'ont impofé le devoir indifpenfable de leur donner quelques foins, je vous jure, Monfieur, que dans la fenfibilité que ces deux familles, m'ont infpirée, je n'ai jamais manqué de refpect au parlement de Touloufe; je n'ai imputé la mort du vertueux Calas & la condamnation de la famille entiére des Sirven, qu'aux cris d'une populace fanatique, à la rage qu'eut le Capitoul David de fignaler fon faux zèle; à la fatalité des circonftances.

Si j'étais membre du parlement de Touloufe, je conjurerais tous mes Confréres de fe joindre aux Sirven pour obtenir du ROY qu'il leur donne d'autres Juges.

Juges. Je vous déclare, Monfieur, que jamais cette famille ne reverra fon pays natal qu'après avoir été auffi légalement juftifiée qu'elle l'eft réellement aux yeux du public. Elle n'aurait jamais la force ou la patience de foutenir la vue du Juge de Mazamet qui eft fa partie & qui l'a oprimée plutot que jugée. Elle ne traverfera point des villages Catholiques, où le peuple croit fermement qu'un des principaux devoirs des pères & des mêres dans la Communion proteftante eft d'égorger leurs enfans dès qu'ils les foupçonnent de pencher vers la réligion catholique. C'eft ce funefte préjugé qui a trainé Jean Calas fur la roue; il pourait y trainer les Sirven. Enfin, il m'eft auffi impoffible d'engager Sirven à retourner dans le pays qui fume encor du fang de Calas, qu'il était impoffible à ces deux familles d'égorger leurs enfans pour la réligion.

Je fais très bien, Monfieur, que l'auteur d'un miférable libelle périodique intitulé (je crois) *l'Année Litteraire*, affura il y a deux ans qu'il eft faux qu'en Languedoc on ait accufé la réligion proteftan-

teftante d'enfeigner le parricide. Il pré-
tendit que jamais on n'en a foupçonné
les proteftants ; il fut même affez lâche
pour feindre une lettre qu'il difait avoir
reçue de Languedoc. il imprima cette
lettre dans laquelle on affirmait que cette
accufation contre les proteftants, eft ima-
ginaire : il faifait ainfi un crime de faux
pour jetter des foupçons fur l'innocence
des Calas & fur l'équité du jugement de
Meffieurs les maîtres des requêtes, & on
l'a fouffert ! & on s'eft contenté de l'a-
voir en éxécration !

Ce malheureux compromit les noms
de Monfieur le Maréchal de Richelieu &
de Monfieur le Duc de Villars : il eut la
bêtife de dire que je me plaifais à citer
de grands noms : c'eft me connaitre bien
mal ; on fçait affez que la vanité des grands
noms ne m'éblouit pas & que ce font les
grandes actions que je révére. il ne favait pas
que ces deux Seigneurs étaient chez moi ,
quand j'eus l'honneur de leur préfenter les
deux fils de Jean Calas , & que tous deux
ne fe déterminèrent en faveur des Calas
qu'après avoir examiné l'affaire avec la
plus grande maturité.

Il devait favoir, & il feignait d'i-gnorer, que vous même, Monfieur, vous confondites dans yôtre mémoire pour Madame Calas ce préjugé abomi-nable qui accufe la Religion protef-tante d'ordonner le parricide ; Mon-fieur de Sudre, fameux Avocat de Tou-loufe s'était élevé avant vous contre cet-te opinion horrible, & n'avait pas été écouté. Le Parlement de Touloufe fit même bruler dans un vafte bucher élevé folemnellement, un écrit extrajudiciaire, dans lequel, on réfutait l'erreur populai-re ; les archers firent paffer Jean Calas chargé de fers à côté de ce bucher pour aller fubir fon dernier interrogatoire. Ce vieillard crut que cet apareil était celui de fon fupplice. il tomba évanoui, il ne put répondre quand il fut trainé fur la fe-lette, fon trouble fervit à fa condamna-tion.

Enfin, le confiftoire, & même le Con-feil de Genêve furent obligés de repouf-fer & de détruire par un certificat auten-tique l'imputation atroce intentée contre leur Réligion ; & c'eft au mépris de ces actes publics, au milieu des cris de l'Eu-rope

rope entiére ; à la vue de l'arrêt folem-
nel de quarante maitres des requêtes ,
qu'un homme fans aveu comme fans
pudeur ofe mentir pour attaquer , (s'il le
pouvait ,) l'innocence reconue des Calas !

Cette effronterie fi puniffable a été né-
gligée , le coupable s'eft fauvé à l'abri du
mepris.   Monfieur le Marquis d'Ar-
gence officier général qui avait paffé qua-
tre mois chez moi dans le plus fort du
procés des Calas , a été le feul qui ait
marqué publiquement fon indignation
contre ce vil fcélerat.

Ce qui eft plus étrange ; Monfieur ,
c'eft que Monfieur Coquelet qui a eu
l'honneur d'etre admis dans votre ordre,
fe foit abaiffé jufqu'a être L'aprobateur
des feuilles de ce fréron, qu'il ait auto-
rifé une telle infolence , & qu'il fe foit
rendu fon complice.

Que ces feuilles calomnient continuel-
lement le mérite en tout genre , que
l'auteur vive de fon fcandale , & qu'on
lui jette quelques os pour avoir aboyé ;
à la bonne heure ; perfonne n'y prend
gar-

garde. Mais qu'il infulte le Confeil en=
tier, vous m'avouerez que cette audace
criminelle ne doit pas être impunie dans
un malheureux chaffé de toute fociété, Et
même de celle qui a été enfin chaffée de
toute la france. Il n'a pas acquis par l'opprobre le droit d'infulter ce qu'il y a de plus
refpectable. J'ignore s'il a parlé des Sirven,
mais on devrait avertir les provinciaux qui
ont la faibleffe de faire venir fes feuilles de
Paris, qu'ils ne doivent pas faire plus
d'attention qu'on n'en fait dans votre
capitale à tout ce qu'écrit cet homme dé=
voué à l'horreur publique.

Je viens de lire le mémoire de Mon=
fieur Caffen avocat au Confeil, cet ou-
vrage eft digne de paraitre, même après
le votre. On m'apprend que Monfieur
Caffen a la même générofité que vous:
il protège l'innocence fans aucun intérêt.
Quels éxemples, Monfieur, & que le
barreau fe rend refpectable! Monfieur de
Crone & Monfieur de Bacancourt ont
mérité les éloges & les remerciments de
la France dans le raport quils ont fait du
procez dès Calas. Nous avons pour ra-
por=

porteur * dans celui des Sirven, un Magiftrat fage, éclairé, éloquent (de cette éloquence qui n'eft pas celle des phrafes) ainfi nous pouvons tout efpérer.

Si quelques formes juridiques s'oppofaient malheureufement à nos juftes fuplications (ce que je fuis bien loin de croire) nous aurions pour reffource votre factum, celui de Mr. Caffen & l'Europe; la famille Sirven perdrait fon bien, & conferverait fon honneur. il n'y aurait de flétri que le juge qui l'a condamnée. car ce n'eft pas le pouvoir qui flétrit c'eft le public.

On tremblera déformais de deshonorer la Nation par d'abfurdes accufations de parricides, & nous aurons du moins rendu à la Patrie le fervice d'avoir coupé une tête de l'hidre du fanatifme.

* Monfieur de Chardon.

J'ai l'honneur d'être avec les fentimens de l'eftime la plus refpectueufe &c.

www.ingramcontent.com/pod-product-compliance
Lightning Source LLC
Chambersburg PA
CBHW060718280326
41933CB00012B/2474

* 9 7 8 2 0 1 2 1 5 2 7 6 2 *